IEDICT DV ROY,

PORTANT ATTRIBVTION

en heredité aux trois Receueurs Collecteurs des
droicts alienez fur les Tailles, de pareil droict de
verification & fignature de Rolle & de quittance, qu'aux Receueurs defdites Tailles. Auec pouuoir d'affifter aux departemens & affietes de toutes leuées de deniers ordinaires & extraordinaires, & de figner & verifier les Rolles des Paroif-
fes, & auoir rang & feance apres les Eleus & lefdits Receueurs des Tailles.

*Verifié en la Cour des Aydes le quatriéme
Mars mil fix cens trente-deux.*

A PARIS,

Par P. METTAYER, A. ESTIENE,
& C. PREVOST, Imprimeurs
ordinaires du Roy.

M. DC. XXXII.

Auec Priuilege de fa Majefté.

OVIS par la grace de Dieu Roy de France & de Nauarre, A tous prefens & à venir, Salut. Confiderant que les trois Receueurs Collecteurs desDroicts alienez fur nos Tailles, creez en chacune des Eflections du reffort de noftre Cour des Aydes de Paris & Clermont-Ferrand , ne peuuent commodément pouruoir à ce qui eft de la fonction de leurs charges, s'ils n'ót vne parfaite cognoiffance des leuées qui fe font & doiuét eftre faites pour les droicts alienez , Nous auons eftimé qu'en leur attribuant pareil droict de verification & fignatures de Róolles & de quittances, qu'aux Receueurs des Tailles, auec faculté d'affifter aux departemens & affiettes defdites Tailles, & y auoir rang, feance, voix & opinion deliberatiue auec les Eleus, ils pourroient plus facilement auoir l'œil, à ce que lefdits droicts alienez fur lesTailles, fuffent impofez & leuez, en forte que les Proprietaires d'iceux en foient payez fans aucun retranchement ny diminution:& qu'outre l'vtilité qu'en receuroient les Proprietaires, nous pourrions tirer vne bonne fomme de deniers des taxes qui feroient faites à caufe defdites attributions, pour fubuenir aux defpenfes extraordinaires , que nous fommes obligez de fupporter pour le bien de noftre Eftat & affeurer vne bonne paix à nos Subiects ; SÇAVOIR FAISONS qu'apres auoir fait mettre cefte affaire en

A ij

deliberation en noſtre Conſeil, où eſtoient aucuns Princes de noſtre ſang ; autres Princes & Officiers de noſtre Couronne, autres grands & notables perſonnages, DE leur Aduis, & de noſtre pleine puiſſance & authorité royale, Nous auons par le preſent Edict perpetuel & irreuocable, attribué & attribuons en tiltre d'heredité, aux trois Receueurs Collecteurs des droicts alienez ſur nos Tailles, ancien, alternatif & triennal en chacune des Elections des reſſorts de nos Cours des Aydes de Paris & Clermont-Ferrand, pareil droict de verification & ſignature de Roolle & de quittace, qu'aux Receueurs des Tailles deſdites Elections, A ſçauoir de quinze ſols à chacun d'eux pour les Creuës ordinaires, tant en l'année d'exercice que hors d'icelle, qui eſt quarante cinq ſols pour les trois Receueurs, & trois ſols auſſi à chacun pour Paroiſſe des Creuës extraordinaires du courant de l'année, & de vingt ſols pour droict de quittance de chacune Paroiſſe de leur Election en l'année d'exercice ſeulemét. Leſquelles attributions de quinze ſols & vingt ſols, reuenant enſemble à trois liures cinq ſols pour Paroiſſe, ſeront impoſee à l'aduenir, à commencer en l'année prochaine, & à ceſte fin employées és Commiſſions de nos Tailles que nous ferons expedier & enuoyer en chacune des Generalitez reſort ſlantes deſdites Cours des Aydes, & les deniers en prouenans payez auſdits Receueurs Collecteurs auec & comme leurs autres droicts par les Collecteurs des Tailles ou leurs commis. Et outre nous auons auſdits Receueurs Collecteurs des droicts alienez, attribué & attribuós le pouuoir & faculté d'aſſiſter annuellement ſi bon leur ſemble, ſoit en l'année de leur exercice ou hors iceluy, aux departemens & aſſiettes des Tailles, Taillon, Creuës ordinaires & extraordinaires de leur Ele-

ction, & y auoir apres lefdits Eleus & les Receueurs
des Tailles & du Taillon, rang, feance, voix & opiniõ
deliberatiue, figner & verifier les Roolles des Paroif-
fes, Pour lefquelles attributions & à caufe d'icelles
lefdits Receueurs & Collecteurs ferõt tenus de nous
payer les fommes aufquelles ils feront pour ce modé-
rement taxez en noftredit Confeil. Et moyennant ledit payement & du iour d'iceluy feulement, ils iouyront defdites attributions & ferõt maintenus en leurs
droicts de trois deniers pour liure qui leur font attribuez par l'Edict de creation de leurs offices fur tout
le contenu aux Roolles, mefmes fur les droicts alienez depuis ledit Edict, & au pouuoir qu'ils ont par
iceluy de faire la recepte priuatiuement à tous autres
de tous les droicts alienez fur les Tailles & de ceux
qui s'y alieneront cy apres, fans aucune exceptiõ ny
referuation que ceux des Eleus, Receueurs des Tailles, Taillon & des Controlleurs du regalement des
Tailles, aux droicts de fix deniers pour liure pour
leur droict de recepte, fans qu'il leur puiffe eftre re-
tranché cy-apres, encores que nous racheptions lefdits droicts alienez fur nos Tailles, ny qu'ils foient
tenus de faire aucun autre fupplément pour iouir de
leurfdits droicts de trois & fix deniers pour liure fur
lefdits droicts alienez depuis leur creation & eftablif-
fement, à la charge de prendre des à prefent lettres de
nous pour la iouyffance defdites attributions, & cy-
apres à toutes mutations. Lefquelles, auec les quittãces de finance defdites attributions, ils feront tenus
de faire regiftrer és regiftres de noftre Domaine tenus
par les pourueus des offices de Controlleurs Gardes
des Regiftres, à peine de nullité. SI DONNONS EN
MANDEMENT à nos amez & feaux Confeillers les
gens tenans noftre Cour des Aydes à Paris, que ces

A iij

preſentes ils facent regiſtrer & le contenu en icelles, garder & obſeruer ſelon leur forme & teneur, ſans permettre ny ſouffrir qu'il y ſoit contreuenu en aucune maniere. MANDONS en outre à nos amez & feaux Conſeillers les Preſidens Treſoriers de France & Generaux de nos Finances du reſſort de noſtredite Cour des Aydes, de faire iouyr des ſuſdites attributions leſdits Receueurs Collecteurs plainement & paiſiblement, le tout nonobſtant oppoſitions ou appellations quelconques, deſquelles ſi aucunes interuiennent, nous en auons retenu & reſerué la cognoiſſance en noſtredit Conſeil, icelle interdiſons & defendons à toutes nos Cours & autres Iuges: CAR tel eſt noſtre plaiſir, Nonobſtant auſſi tous les Edicts, Reglemens, Mandemens, defenſes & Lettres à ce contraires, auſquelles & à la derogatoire des derogatoires y contenues, nous auons derogé & derogeons par ceſdites preſentes. Et afin que ce ſoit choſe ferme & ſtable à touſiours, nous y auons fait mettre & appoſer noſtre ſeel, ſauf en autre choſe noſtre droict & l'autruy en toutes. DONNE à Chaſteau-thierry au mois d'Octobre, l'an de grace mil ſix cens trente-vn, & de noſtre regne le vingt-deuxiéme, Signé. LOVIS, & ſur le reply, Par le Roy, DELOMENIE. Et ſeellées du grãd ſeau de cire verte ſur lacqs de ſoye rouge & verte. Et à coſté dudit reply eſt eſcrit:

Regiſtrées en la Cour des Aydes, Oüy le Procureur General du Roy, pour eſtre executées ſelon leur forme & teneur, ſuiuant l'Arreſt de ladite Cour donné les Chambres aſſ̃eblées ce iourd'uhy, à Paris le quatrieme iour de Mars mil ſix cens trente-deux. Signé,   BOVCHER.

LETRES DE IVSSION.

LOVIS par la grace de Dieu, Roy de France & de Nauarre, A nos amez & feaux Conseillers les Gens tenans noſtre Cour des Aydes à Paris, Salut. Nous eſtimions que vous eſtant notoire que nous ſommes contraints de recouurer des deniers pour ſubuenir aux deſpenſes extrordinaires, auſquelles nos affaires & nos armées nous obligent, vous vſeriez de diligence & de facilité à l'enregiſtrement de noſtre Edict du mois d'Octobre dernier, portant attribution en tiltre d'heredité aux trois Receueurs Collecteurs de nos Tailles, Antien, Alternatif & Triennal en chacune des Elections de voſtre reſſort & de noſtre Cour des Aydes de Clermont-Ferrand, de pareil, droict de verification & ſignature de Rolle & de quittance qu'aux Receueurs des Tailles deſdites Elections, & autres attributions, charges & conditions portées en iceluy : Mais voſtre Arreſt du cinquiéme du preſent mois, portant que ne pouuiez entrer audit enregiſtrement, auec ſupplication que vous nous faites de vous en diſpenſer, nous faict cognoiſtre que vous n'auez fait aucune conſideration ſur les raiſons y contenuës, & motifs preſens qui vous deuoiét porter à ne pas differer l'execution de noſtre volonté, ne pouuant par les moyens ordinaires pouruoir à ce que nous auons beſoin en noſtre vrgente neceſſité : A CES CAVSES, Nous voulons vous mandons & tres-expreſſément enioignons par ces presentes signées de nostre main, qui vous seruiront de finale Iußion, & de tout autre plus exprés commandement de nous sur ce sujet, que vous ayez à proceder à la verification de nostredit Edict purement & simplement, & sans y apporter aucune longueur, modification ou difficulté, sur tant que vous desirez l'aduancement selon vostre deuoir, du bien de nostre seruice, nonobstant vostredit Arrest & les considerations qui vous ont meu à le dôner, lesquels nous voulons cesser pour le notable preiudice que nous feroit vn plus long retardement de nostre intention, pour l'effect de laquelle enjoignons à nostre Procureur General en ladite Cour, de poursuiure, requerir & consentir ce qui sera necessaire, & nous y tesmoigner ses diligences. CAR tel est nostre plaisir. DONNE' à Vic, le douziesme iour de Ianuier, l'an de grace mil six cens trente-deux, & de nostre regne le vingt-deuxiéme, Signé, LOVIS, & plus bas, Par le Roy, PHELIPEAVX, & seellée sur simple queuë du grand seau de cire jaune. Et à costé est écrit:

Registrées en la Cour des Aydes, Oüy le Procureur General du Roy, pour estre executées selon leur forme & teneur suiuant l'Arrest de ladite Cour donné ce iourd'huy les Chambres aßêblées, à Paris le quatriéme iour de Mars, l'an mil six cens trente-deux. Signé, BOVCHER.

Extraict des Registres de la Cour des Aydes.

VEu par la Cour les Chambres assemblées les Lettres Patentes du Roy en forme d'Edict données à Chasteauthierry au mois d'Octobre mil six

cens

cens trente-vn Signées, LOVIS : Et sur le reply, Par le Roy, DE LOMENIE, à cofté, Visa, & scellées du grand seel de cire verte sur lacqs de soye rouge & verte, portant attribution en tiltre d'heredité aux trois Receueurs Collecteurs des droicts alienez sur les Tailles, ancien, alternatif & triennal en chacune des Elections du ressort des Cours des Aydes de Paris & Clermont-Ferrand, pareil droict de verificatiõ & signature de rolles & de quittãces qu'aux Receueurs des Tailles desdites Elections, Sçauoir, de quinze sols àchacun d'eux pour les creuës ordinaires tant en l'année d'exercice que hors d'icelle, qui est quarante-cinq sols pour les trois Receueurs, & de trois sols aussi à chacun par Paroisse des creuës extraordinaires du courant de l'année, & de vingt sols pour droict de quittance de chacune Paroisse de leur Election en l'année d'exercice seulement : Et outre sadite Majesté attribue ausdits Receueurs Collecteurs des droicts alienez, le pouuoir & faculté d'assister annuellement si bon leur semble, soit en exercice ou hors iceluy, aux departemens & assietes des Tailles & creuës ordinaires & extrordinaires, & y auoir rang, seance, voix & opinion deliberatiue apres les Eleus & Receueurs des Tailles & Taillon, & signer & verifier les roolles des Paroisses, e tout pour en iouir aux charges & conditions au long exprimées par lesdites Lettres, à ladite Cour addressantes pour la verification d'icelles. Arrest de ladite Cour du cinquiéme Ianuier mil six cens trente deux, par lequel elle auroit dit ne pouuoir entrer en la verification desdites Lettres, & supplie tres-humblement le Roy de les dispenser. Autres Lettres Patentes de sa Majesté en forme de Iussion, données à Vic le douziéme desdits mois & an, Signées LOVIS, & plus bas, Par le Roy, PHELIPEAVX,

B

& sellées sur simple queuë du grand seel de cire iaune
Par lesquelles est mandé à ladite Cour & tres expres-
sement enioint qu'elle eust à proceder à la verification dudit Edict purement & simplement, & sans y apporter aucune longueur, modification ou empescha-
ment, ainsi que plus au long le contiennent lesdites
Lettres de Iussion. Conclusion du Procureur General du Roy, & tout consideré: LA Covr a ordonné
& ordonne que lesdites Lettres en forme d'Edict, seront regiftrées au Greffe d'icelle, pour estre executées
selon leur forme & teneur. Faict à Paris en la Cour
des, Aydes les Chambres assemblées, le quatriéme
iour de Mars mil six cens trente-deux.

Signé,   -   **BOVCHER.**

EXTRAICT DES REGISTRES
du Conseil d'Estat.

L E Roy ayant par son Edict du present mois attribué en heredité aux
trois Receueurs Collecteurs des
droicts alienez sur la Taille, pareil
droict de verification & signature
de Roolles qu'aux Receueurs de
Tailles, à raison de quinze sols pour l'aroisse à chacun
d'eux, tant en l'année d'exercice que hors d'icelle; &
le mesme droict de quittance qu'aux Receueurs des
Tailles, auec faculté d'assister aux departemens & assietes des Tailles auec les Eleus, & y auoir rang, seance, voix & opinion deliberatiue, & tenir la main à ce
que lesdits droicts alienez sur les Tailles soient im-

posez & leuez, en sorte que les proprietaires d'iceux
en soient payez sans aucun retranchement ny diminution: Et voulant sa Majesté que ledit Edict soit exe-
cuté, & que le recouurement des taxes pour la iouis-
sance desdites attributions soit promptement fait : A
ordonné & ordonne, que conformement audit Edict,
lesdits Receueurs Collecteurs des droicts alienez sur
les Tailles, iouyront ensemble leurs hoirs, successeurs
& ayans cause audit tiltre d'heredité, desdits droicts
de verification & signature de Rolles, à ladite raison
de quinze sols pour Paroisse, tant en l'année d'exercice que hors d'icelle pour les creues ordinaires , &
trois sols à chacun aussi pour Paroisse pour les creues
extraordinaires du courant de l'année , auec pareil
droict de quittance qu'aux Receueurs des Tailles de
vingt sols pour chacune Paroisse de leur Election en
l'année d'exercice seulement. Lesquelles attributiós
ils receuront par leurs mains, auec & comme leurs
autres droicts des Collecteurs des Tailles ou leurs
Commis pour eux , sans estre tenus d'en compter aux
Chambres des Comptes ny ailleurs: Et à ceste fin en-
joint sadite Majesté aux Eleus des Elections ressortis-
santes aux Cours des Aydes de Paris & Clermoutfer-
rant,à peine de radiation de leurs gages,de faire à l'aduenir,à commencer en l'année prochaine mil six cens
trente-deux, l'imposition desdits droicts de signature
de Rolle & de quittance des Receueurs Collecteurs
au sol la liure, & le fort portant le foible, à raison de
soixante cinq sols pour chacune Paroisse de leur Election: Desquels droicts de signature de Rolle & de
quittance,lesdits Receueurs Collecteurs, ou les porteurs des quittances de finances desdits offices,iouy-
ront du iour qu'ils auront payé aux porteurs des quittances du Tresorier des Parties Casuelles , la somme à

laquelle chacun d'eux sera taxé audit Conseil pour ladite attribution. Ce qu'ils seront tenus de faire vn
mois apres la signification du present Arrest à leurs
personnes ou domiciles, ou de leurs Commis en leur
absence : Et à faute de ce faire dans ledit temps & iceluy passé ils y seront contraints par saisie des droicts
de leurs offices, & à payer de plus les frais des con-
trainctes: Desquels droicts ceux qui les auront entre
leurs mains, seront contraints comme pour deniers
royaux d'en vuider leurs mains au porteur des quittances desdites taxes sur leurs recepicez, nonobstant
toutes autres saisies, oppositions ou appellations quelconques, desquelles si aucunes interuiennent, sa Majesté s'est reserué & à son Conseil la cognoissance, &
icelle interdite à toutes ses Cours & autres Iuges,
auec defenses aux parties de se pouruoir ailleurs que
audit Conseil, à peine de trois mil liures d'amende. Et
moyennant le payement desdites taxes par lesdits Receueurs Collecteurs, pour l'attributió desdits droicts
de signature de Rolle & de quittance, ils pourront có-
formement audit Edict assister annuellement, si bon
leur semble, tant en l'année de leur exercice, que hors
iceluy, aux departemens & assictes des Tailles, Taillon, Creuës ordinaires & extraordinaires de leur Election, & y auoir apres lesdits Eleus & les Receueurs
des Tailles, & du Taillon, rang, seance, voix & opinió
deliberatiue, signer & verifier les Rolles des Paroisses:
Et iouyront de leurs offices, ensemble des droicts
de trois deniers du contenu aux rolles, & de six deniers de droict de recepte, suiuát l'Edict de leur creation du mois de Decembre mil six cens vingt-neuf,
pleinement & paisiblement en heredité, eux, leurs
vefues, enfans, heritiers, successeurs & ayans cause, &
seront ou leurs commis, priuatiuement à tous autres,

la recepte des deniers deſdits droicts alienez ſur les Tailles, meſmes de ceux du droict des droicts, & autres que ſa Majeſté a alienez depuis la creation deſdites offices, & generalement de tous ceux qui ſe pourroient aliener cy apres, auec le droict de recepte de ſix deniers pour liure qu'ils retiendront par leurs mains, ſans autre reſeruation ny exceptió que de ceux des Eleus, Receueurs des Tailles & du Taillon, & des Collecteurs & Controlleurs du regalement des Tailles, qu'ils receuront en la maniere accouſtumée: ſans que leſdits Receueurs & Collecteurs puiſſent eſtre depoſſedez cy apres de la recepte deſdits droicts alienez, pour quelque cauſe & occaſió qu e ſe puiſſe eſtre, ny obligez de payer plus grande finance que la taxe ſur eux faite pour l'attribution deſdits droicts de ſignature de Rolles & de quittances, qui leur tiendra lieu de ſupplément pour raiſon des droicts attribuez auſdits offices, deſquels ils iouyront ſans diminution quelconque, encore que ſadite Majeſté vint à diminuer ſes Tailles, ou rachepter leſdits droicts alienez ſur icelles. Fait au Conſeil d'Eſtat du Roy, tenu à Chaſteau-thierry le vingt-ſeptiéme iour d'Octobre mil ſix cens trente-vn.

Signé,   LE RAGOIS.

OVIS par la grace de Dieu Roy de France & de Nauarre, A noſtre Huiſſier ou Sergent premier ſur ce requis. Nous te mandons & cómandons, que l'Arreſt dont l'extraict eſt cy attaché ſous le contre ſeel de noſtre Chancellerie ce iourd'huy dóné en noſtre Conſeil d'Eſtat, & le rolle des taxes pour raiſon

des attributions de droicts de verification, signature
de rolle & de quittance, faite par noftre Edict du prefent mois aux trois Receueurs Collecteurs des droicts
alienez fur nos Tailles, ancien, alternatif & triennal
en chacune des Elections reffortiffantes en nos Cours
des Aydes de Paris & Clermontferrand, Tu fignifies
aufdits Receueurs Collecteurs de nos Tailles, ou à
leurs commis en leur abfence, à ce que dans le temps
prefix par ledit Arreft, ils ayent à payer és mains du
Treforier de nos Parties Cafuelles ou du porteur de
fes quittances, les fommes efquelles ils feront pour
ce taxez : & à faute de ce faire dans ledit temps & iceluy paffé, tu les y contraindras par faifie des droicts
de leurs offices, & à payer de plus, les frais defdites
contraintes. Defquels droicts tu contraindras auffi,
par les voyes ordinaires & accouftumées pour nos
deniers & affaires, ceux qui en feront la recepte, d'en
vuider leurs mains en celles du porteur defdites quittances fur leurs recepiffez, iufques à concurrence defdites taxes. De ce faire & tous autres actes & ex-
ploicts requis & neceffaires pour l'entiere execution
dudit Arreft, te donnons pouuoir, fans que tu fois tenu demander autre congé ne permiffion, nonobftant
toutes autres faifies qui pourroient eftre faites fur lefdits droicts, oppofitions ou appellatiós quelconques,
defquelles fi aucunes interuiennent, nous en auons
retenu & referué la cognoiffance en noftredit Confeil, icelle interdifons & defendons à tous autres Iuges, & aux parties de fe pouruoir ailleurs, à peine de
trois mil liures d'amende. Et dautant que dudit Arreft
& des prefentes, enfemble du rolle defdites taxes, on
pourra auoir befoin en diuers lieux, nous voulons
qu'aux copies deuëment collationnées par l'vn de
nos amez & feaux Confeillers & Secretaires, foy foit

adiouſtée comme aux originaux : CAR tel eſt noſtre plaiſir. DONNE à Chaſteau-thierry le vingt-ſeptié-me iour d'Octobre l'an de grace mil ſix cens trente-vn, & de noſtre regne le vingt-deuxiéme. Signé, Par le Roy en ſon Conſeil, LE RAGOIS.

Collationné aux Originaux par moy Conseiller Secretaire du Roy, & de ſes Finances,